Impressum
Verlag: BABADADA GmbH, Nedderfeld 112 , 22529 Hamburg
Geschäftsführer / Verlagsleitung: Harald Hof
Druck: Books on Demand GmbH, In de Tarpen 42, 22848 Norderstedt

Imprint
Publisher: BABADADA GmbH, Nedderfeld 112 , 22529 Hamburg, Germany
Managing Director / Publishing direction: Harald Hof
Print: Books on Demand GmbH, In de Tarpen 42, 22848 Norderstedt

학교
l'école

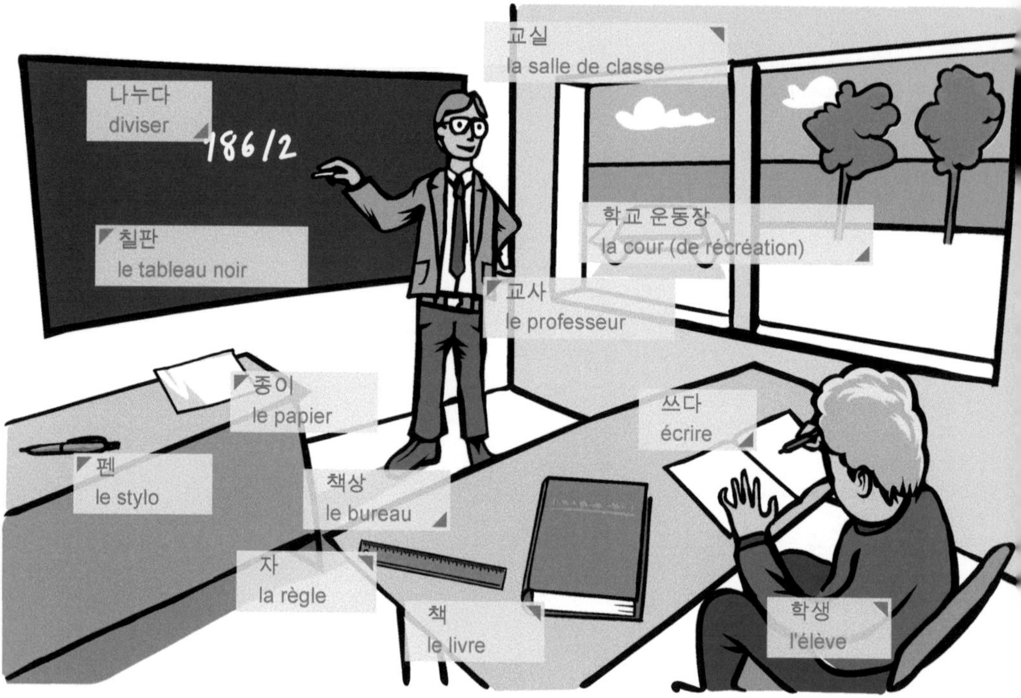

교실
la salle de classe
나누다
diviser
186/2
칠판
le tableau noir
학교 운동장
la cour (de récréation)
교사
le professeur
종이
le papier
쓰다
écrire
펜
le stylo
책상
le bureau
자
la règle
책
le livre
학생
l'élève

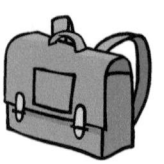

책가방

le cartable

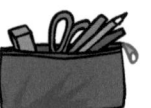

필통

la trousse

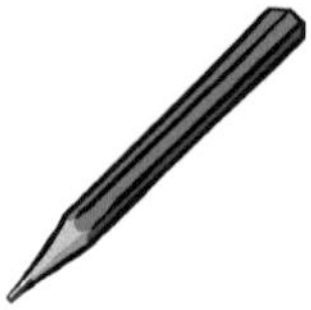

연필

le crayon

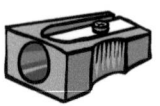

연필깎이

le taille-crayon

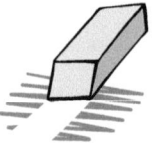

지우개

la gomme

스케치북

le carnet à dessin

그림

le dessin

붓

le pinceau

그림물감 통

la boîte de peinture

가위

les ciseaux

풀

la colle

연습장

le cahier d'exercices

숙제

les devoirs

12

숫자

le chiffre

2+2

더하다

additionner

5-2

빼다

soustraire

2×2

곱하다

multiplier

계산하다

calculer

A

글자

la lettre

ABCDEFG
HIJKLMN
OPQRSTU
VWXYZ

알파벳

l'alphabet

hello

낱말

le mot

텍스트

le texte

읽다

lire

분필

la craie

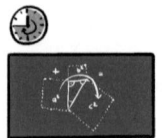

수업시간

la leçon

출석부

le livre de classe

시험

l'examen

증명서

le certificat

교복

l'uniforme scolaire

교육

la formation

백과사전

le lexique

대학교

l'université

현미경

le microscope

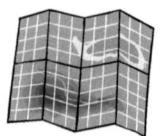

지도

la carte

휴지통

la corbeille à papier

학교 - l'école

여행

le voyage

호텔
l'hôtel
Grand
호스텔
l'auberge
ROOMS
환전소
le bureau de change
EXCHANGE
여행가방
la valise
자동차
la voiture

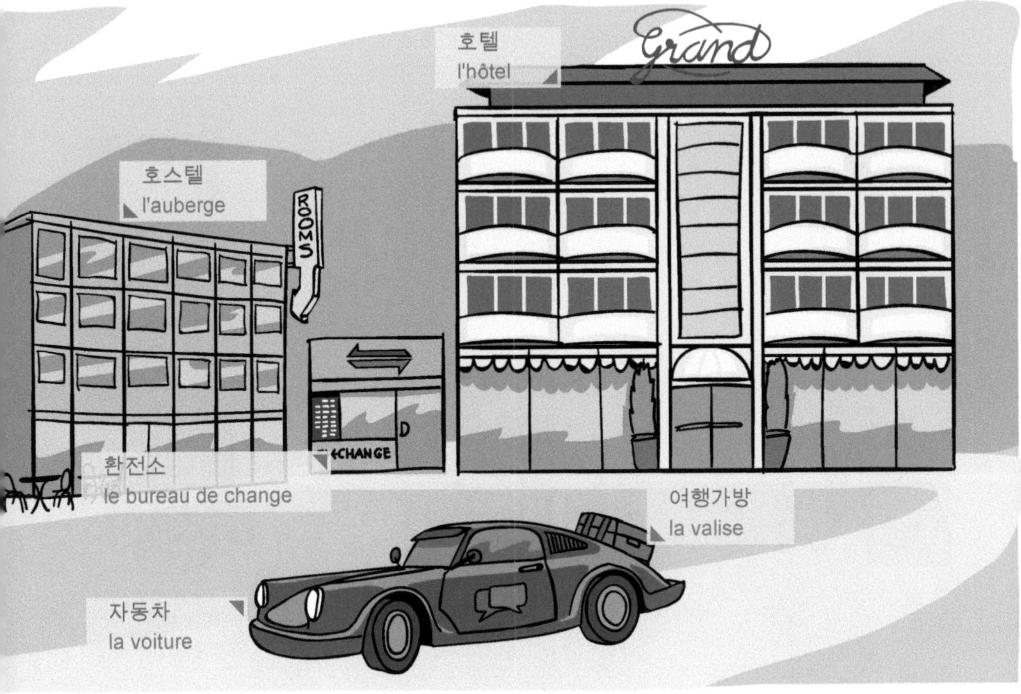

언어

la langue

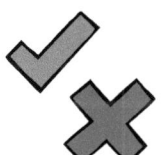

예 / 아니오

oui / non

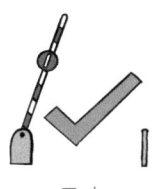

좋아

d'accord

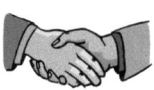

안녕

Salut

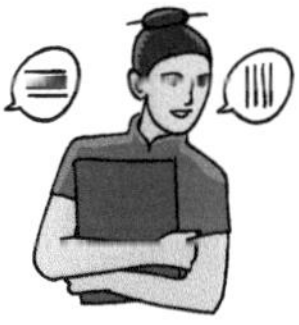

번역가

l'interprète

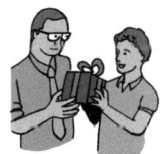

고마워, 고마워요

merci

... 얼마입니까?

Combien coûte...?

나는 이해하지 못합니다

Je ne comprends pas

문제

le problème

안녕하세요!

Bonsoir !

안녕하세요!

Bonjour !

잘자요!

Bonne nuit !

또 만나요

Au revoir

방향

la direction

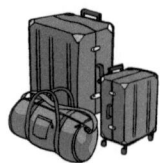

수하물

les bagages

가방

le sac

배낭

le sac-à-dos

손님

l'hôte

방

la pièce

침낭

le sac de couchage

텐트

la tente

여행 안내

l'office de tourisme

해변

la plage

신용카드

la carte de crédit

아침식사

le petit-déjeuner

점심식사

le déjeuner

저녁식사

le dîner

승차권

le billet

승강기

l'ascenseur

우표

le timbre

경계

la frontière

세관

la douane

대사관

l'ambassade

비사

le visa

여권

le passeport

운반

le transport

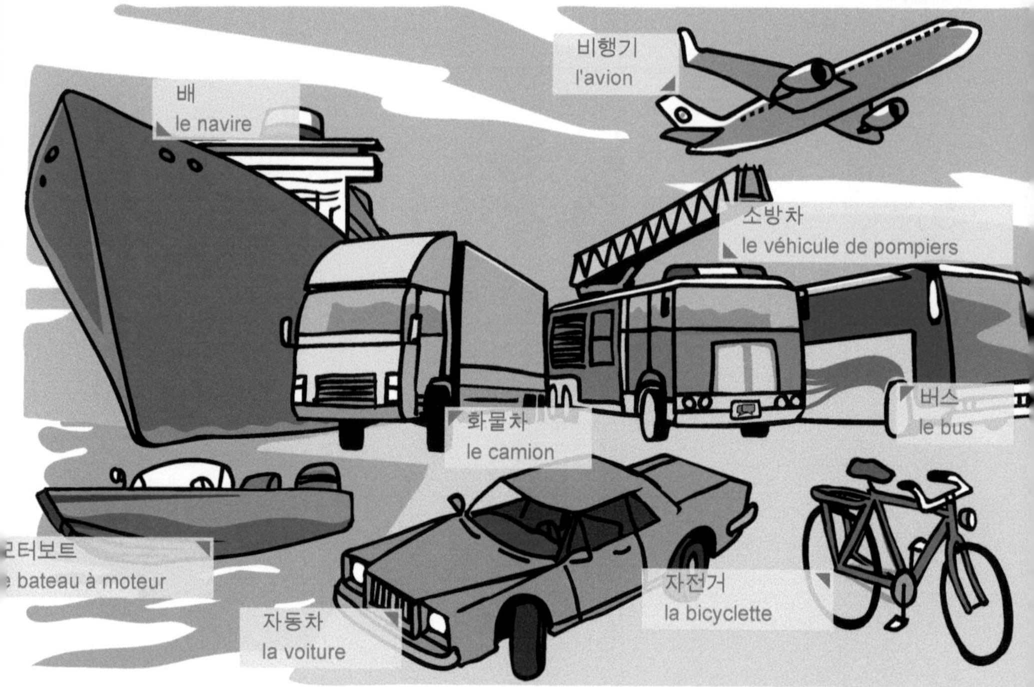
비행기
l'avion
배
le navire
소방차
le véhicule de pompiers
버스
le bus
화물차
le camion
터보트
bateau à moteur
자전거
la bicyclette
자동차
la voiture

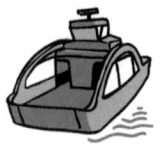

페리

le ferry

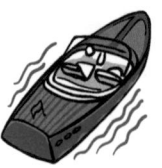

보트

la barque

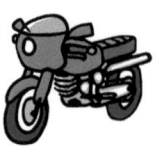

오토바이

la moto

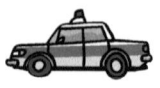

경찰차

la voiture de police

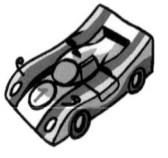

경주차

la voiture de course

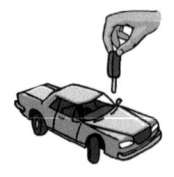

렌트카

la voiture de location

카셰어링

l'auto-partage

견인차

la voiture de remorquage

쓰레기차

la benne à ordures

모터

le moteur

연료

l'essence

주유소

la station d'essence

교통 표지

le panneau indicateur

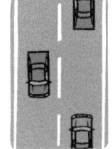

교통

le trafic

교통 정체

l'embouteillage

주차장

le parking

기차역

la gare

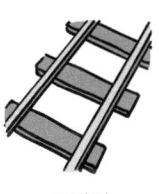

트랙터

les rails

기차

le train

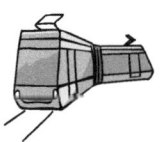

전차

le tramway

객차

le wagon

헬리콥터

l'hélicoptère

공항

l'aéroport

타워

la tour

승객

le passager

컨테이너

le conteneur

상자

le carton

카트

le chariot

바구니

la corbeille

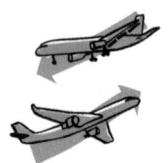

출발하다 / 도착하다

décoller / atterrir

도시

la ville

마을

le village

도심

le centre-ville

집

la maison

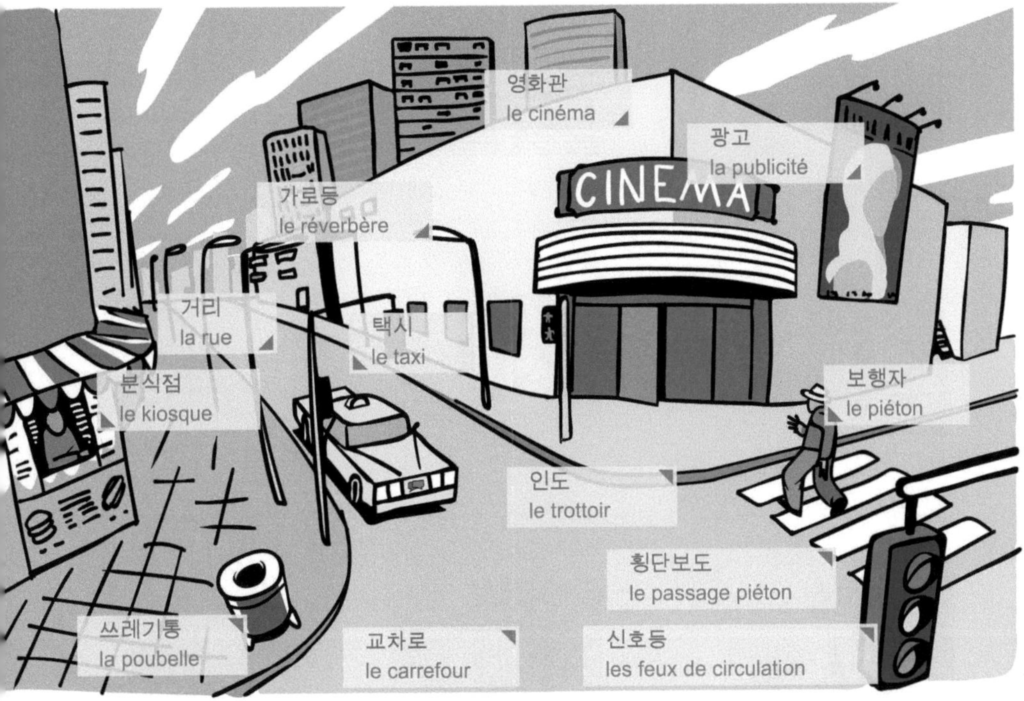

영화관
le cinéma
광고
la publicité
가로등
le réverbère
CINEMA
거리
la rue
택시
le taxi
분식점
le kiosque
보행자
le piéton
인도
le trottoir
횡단보도
le passage piéton
쓰레기통
la poubelle
교차로
le carrefour
신호등
les feux de circulation

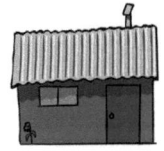

오두막

la cabane

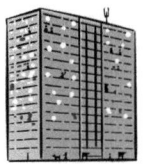

주택

l'appartement

기차역

la gare

시천

la mairie

MUSEUM

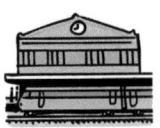

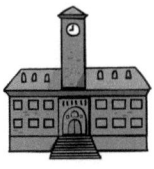

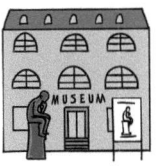

바물관

le musée

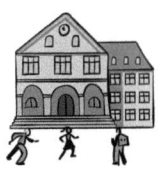

학교

l'école

대학교

l'université

은행

la banque

병원

l'hôpital

호텔

l'hôtel

약국

la pharmacie

사무실

le bureau

서점

la librairie

상점

le magasin

꽃가게

le fleuriste

수퍼마켓

le supermarché

시장

le marché

백화점

le grand magasin

생선가게

la poissonnerie

쇼핑 센터

le centre commercial

항구

le port

공원
le parc

벤치
la banque

다리
le pont

계단
les escaliers

지하철
le métro

터널
le tunnel

버스 정류장
l'arrêt de bus

바
le bar

레스토랑
le restaurant

우체통
la boîte à lettres

도로 표지판
le panneau indicateur

주차료 징수기
le parcmètre

퉁물원
le zoo

수영징
le réverbère

모스크 사원
la mosquée

농장

la ferme

환경오염

la pollution

공동묘지

la cimetière

교회

l'église

놀이터

l'aire de jeux

절

le temple

풍경

le paysage

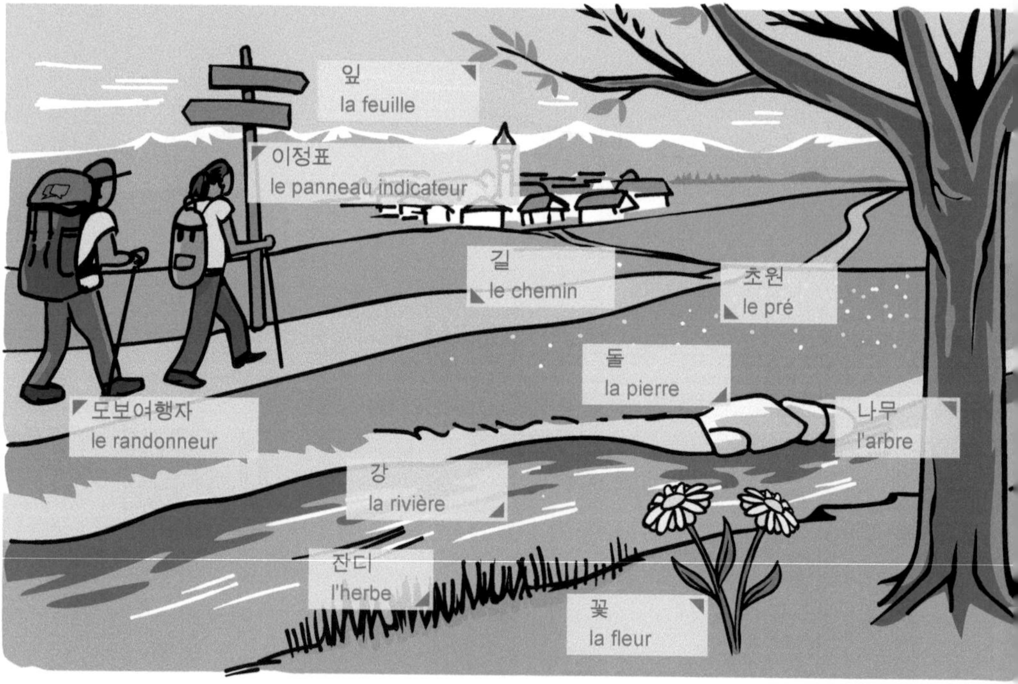

잎
la feuille

이정표
le panneau indicateur

길
le chemin

초원
le pré

돌
la pierre

나무
l'arbre

도보여행자
le randonneur

강
la rivière

잔디
l'herbe

꽃
la fleur

계곡

la vallée

산

la montagne

호수

le lac

숲

la forêt

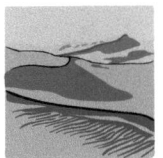

사막

le désert

화산

le volcan

성

le château

무지개

l'arc-en-ciel

버섯

le champignon

야자나무

le palmier

모기

le moustique

파리

la mouche

개미

les fourmis

벌

l'abeille

거미

l'araignée

풍경 - le paysage

딱정벌레

le coléoptère

개구리

la grenouille

다람쥐

l'écureuil

고슴도치

le hérisson

토끼

le lièvre

부엉이

la chouette

새

l'oiseau

백조

le cygne

맷돼지

le sanglier

사슴

le cerf

순록

l'élan

댐

le barrage

풍력 터빈

l'éolienne

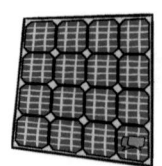

태양광 전지판

le panneau solaire

기후

le climat

풍경 - le paysage

레스토랑
le restaurant

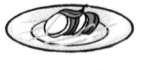

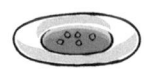

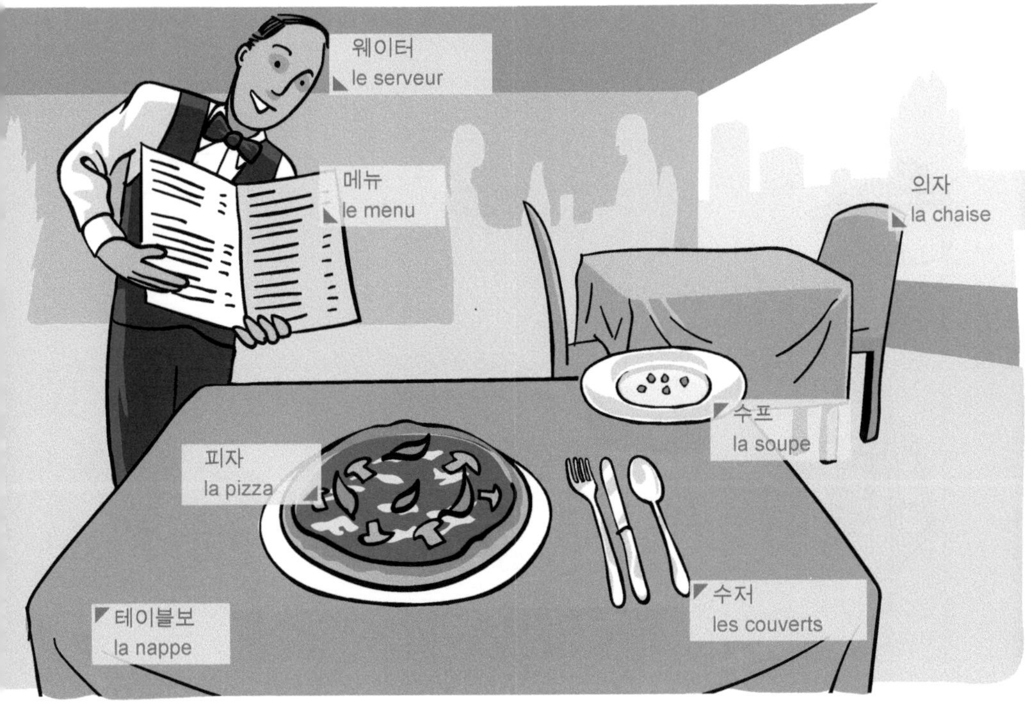
웨이터
le serveur
메뉴
le menu
의자
la chaise
수프
la soupe
피자
la pizza
수저
les couverts
테이블보
la nappe

전채요리

les hors d'œuvre

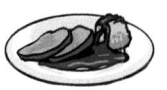

주요리

le plat principal

후식

le dessert

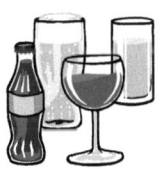

음료수

les boissons

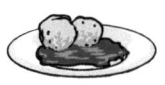

음식

l'alimentation

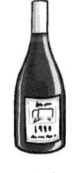

병

la bouteille

인스턴트 식품

le fast-food

길거리음식

les plats à emporter

찻주전자

la théière

설탕통

le sucrier

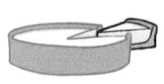

인분

la portion

에스프레소 머신

la machine à expresso

높은 의자

la chaise haute

계산서

la facture

쟁반

le plateau

칼

le couteau

포크

la fourchette

숟가락

la cuillère

찻숟가락

la cuillère à thé

냅킨

la serviette

유리잔

le verre

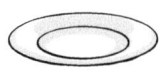

접시

l'assiette

수프 그릇

l'assiette à soupe

컵 받침

la soucoupe

소스

la sauce

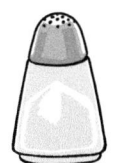

소금통

la salière

후추통

le moulin à poivre

식초

le vinaigre

기름

l'huile

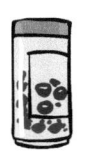

양념

les épices

케첩

le ketchup

겨자

la moutarde

마요네즈

la mayonnaise

수퍼마켓

le supermarché

특가 판매
l'offre promotionnelle
FOR
고객
le client
유제품
les produits laitiers
과일
les fruits
트롤리
le chariot

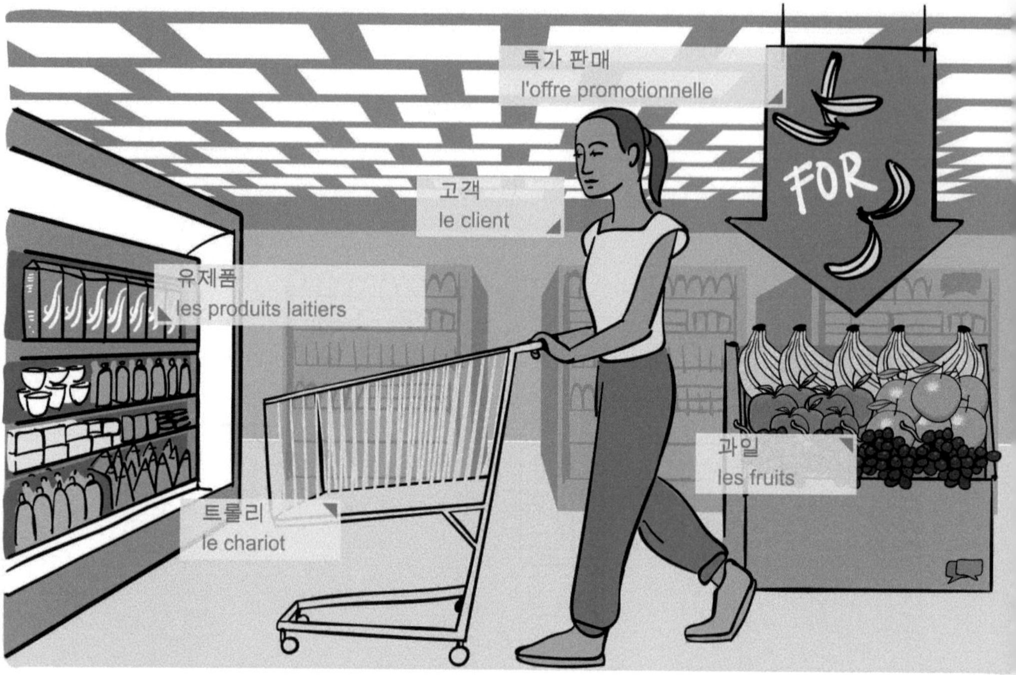

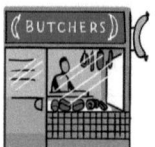

BUTCHERS

정육점

la boucherie

BAKERY

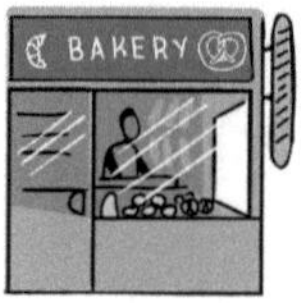

빵집

la boulangerie

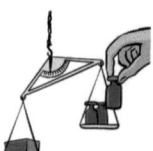

무게가 나가다

peser

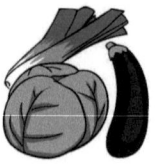

채소

les légumes

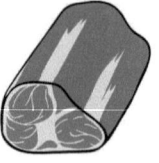

고기

la viande

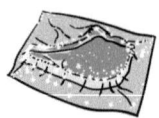

냉동식품

les aliments surgelés

냉육
la charcuterie

통조림
les conserves

가루 세제
la poudre à lessive

달콤한 간식
les bonbons

가정용품
les articles ménagers

세척제
les détergents

판매원
la vendeuse

계산대
la caisse

계산원
le caissier

구매목록
la liste d'achats

문 여는 시간
les heures d'ouverture

지갑
le portefeuille

신용카느
la carte de crédit

가방
le sac

비닐 봉두
le sac en plastique

물

l'eau

주스

le jus de fruit

우유

le lait

콜라

le coca

와인

le vin

맥주

la bière

술

l'alcool

카카오

le chocolat chaud

차고

le thé

커피

le café

에스프레소

l'expresso

카푸치노

le cappuccino

바나나

la banane

사과

la pomme

오렌지

l'orange

수박

le melon

레몬

le citron.

당근

la carotte

마늘

l'ail

대나무

le bambou

양파

l'oignon

버섯

le champignon

견과류

les noisettes

국수

les pâtes

스파게티

les spaghetti

쌀

le riz

샐러드

la salade

감자칩

les pommes frites

감자튀김

les pommes de terre rôties

피자

la pizza

햄버거

le hamburger

샌드위치

le sandwich

커틀렛

l'escalope

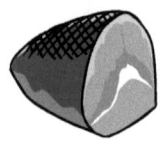

햄

le jambon

살라미

le salami

소시지

la saucisse

닭

le poulet

구이

le rôti

생선

le poisson

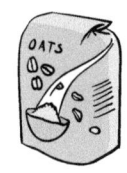

오트밀
les flocons d'avoine

뮤슬리
le muesli

콘플레이크
les cornflakes

밀가루
la farine

크루아상
le croissant

롤빵
les petits-pains

빵
le pain

토스트
le pain grillé

비스킷
les biscuits

버터
le beurre

응유
le fromage blanc

케이크
le gâteau

딜갈
l'œuf

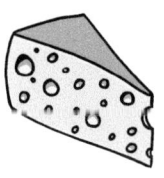

계란 후라이
l'œuf au plat

치즈
le fromage

아이스크림

la glace

설탕

le sucre

꿀

le miel

잼

la confiture

누가 크림

la crème nougat

카레

le curry

농장
la ferme

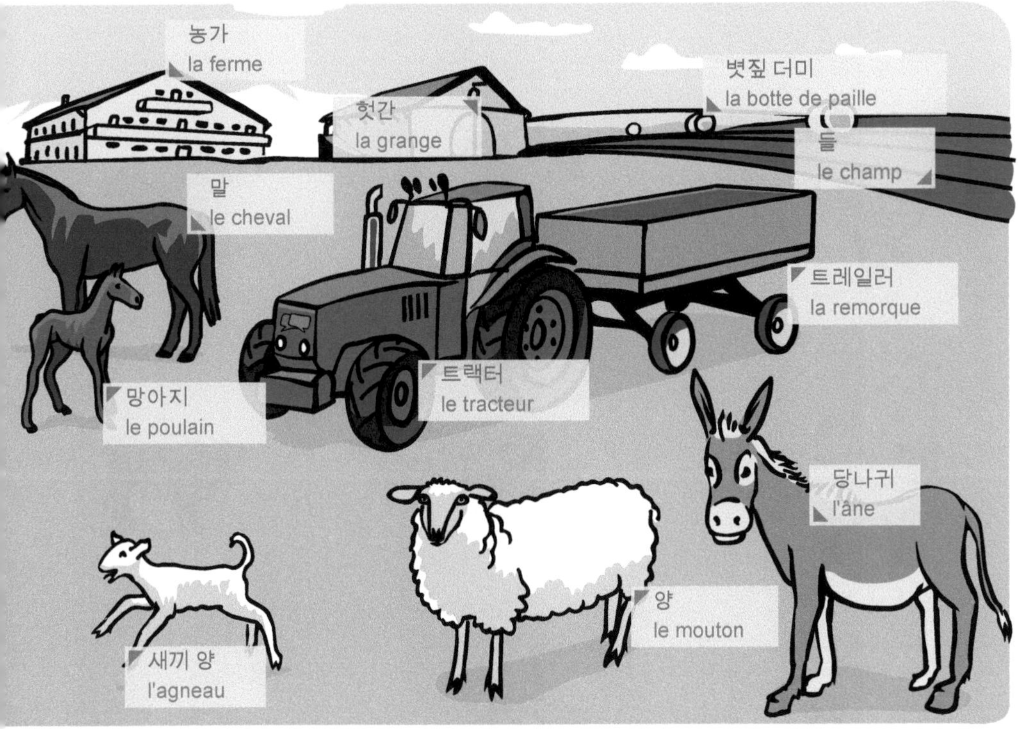

농가
la ferme
헛간
la grange
볏짚 더미
la botte de paille
들
le champ
말
le cheval
트레일러
la remorque
망아지
le poulain
트랙터
le tracteur
당나귀
l'âne
양
le mouton
새끼 양
l'agneau

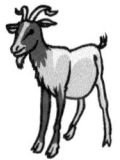

염소

la chèvre

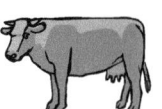

암소

la vache

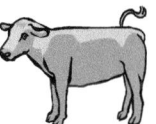

송아지

le veau

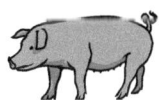

돼지

le porc

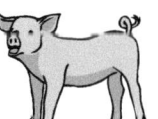

새끼 돼지

le porcelet

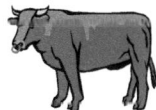

황소

le taureau

거위

l'oie

오리

le canard

병아리

le poussin

암탉

la poule

수탉

le coq

쥐

le rat

고양이

le chat

생쥐

la souris

황소

le bœuf

개

le chien

개집

le chenil

정원용 호스

le tuyau de jardin

물뿌리개

l'arrosoir

큰 낫

la faucheuse

쟁기

la charrue

낫

la faucille

괭이

la pioche

쇠스랑

la fourche

도끼

la hache

외바퀴 손수레

la brouette

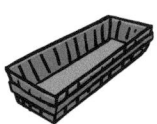

여물통

la cuve

우유 캔

le pot à lait

부대

le sac

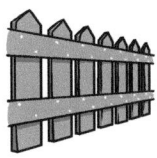

울타리

la clôture

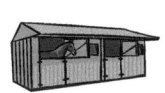

축사

l'étable

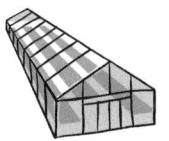

비닐하우스

le serre

땅

le sol

씨앗

les semences

거름

l'engrais

콤바인

la moissonneuse-batteuse

농장 - la ferme

수확하다

récolter

수확

la récolte

참마

l'igname

밀

le blé

콩

le soja

감자

la pomme de terre

옥수수

le maïs

유채씨

le colza

과일나무

l'arbre fruitier

카사바

le manioc

곡식

les céréales

집
la maison

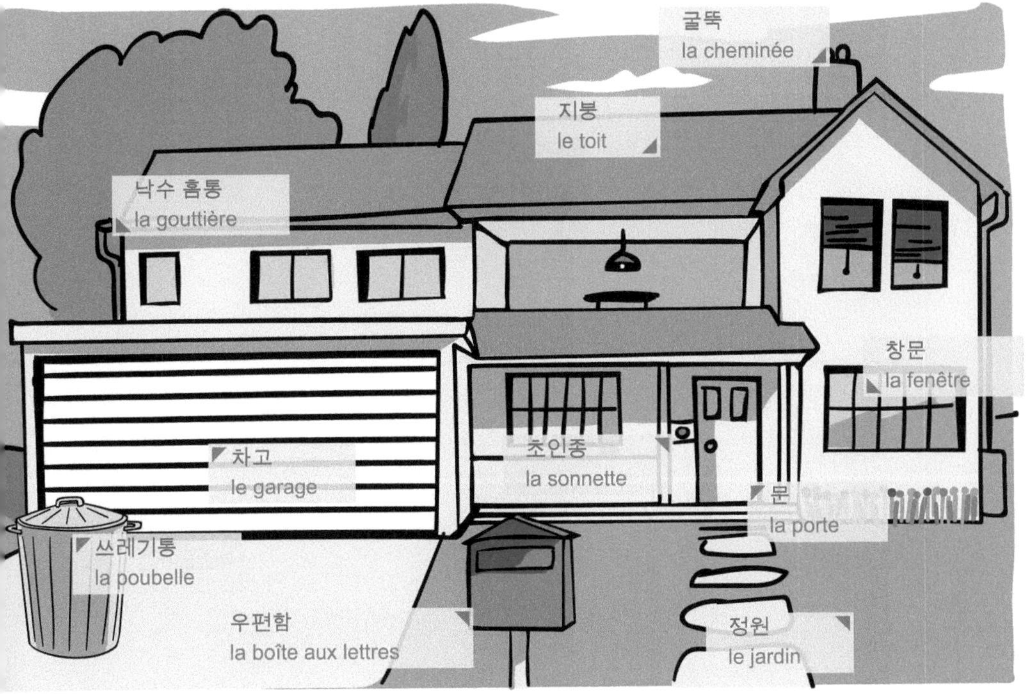
굴뚝
la cheminée
지붕
le toit
낙수 홈통
la gouttière
창문
la fenêtre
차고
le garage
초인종
la sonnette
문
la porte
쓰레기통
la poubelle
우편함
la boîte aux lettres
정원
le jardin

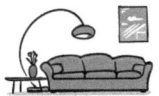

응접실
le salon

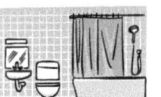

욕실
la salle de bain

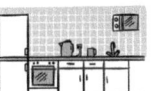

부엌
la cuisine

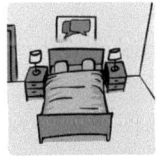

침실
la chambre à coucher

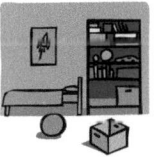

아이들 방
la chambre d'enfant

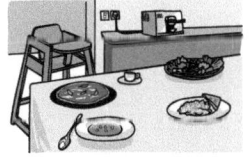

식사실
la salle à manger

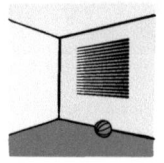

바닥

le sol

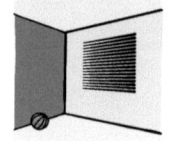

벽

le mur

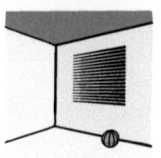

천장

le plafond

지하실

la cave

사우나

le sauna

발코니

le balcon

테라스

la terrasse

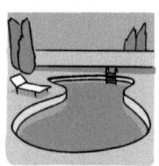

수영장

la piscine

잔디 깎는 기계

la tondeuse à gazon

침대 시트

la housse

이불

la couette

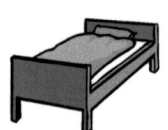

침대

le lit

빗자루

le balai

양동이

le sceau

스위치

l'interrupteur

집 - la maison

응접실
le salon

벽지
le papier peint
그림
l'image
전등
la lampe
선반
l'étagère
캐비닛
l'armoire
텔레비전
la télé
벽난로
la cheminée
꽃
la fleur
쿠션
le coussin
소파
le sofa
꽃병
le vase
리모컨
la télécommande

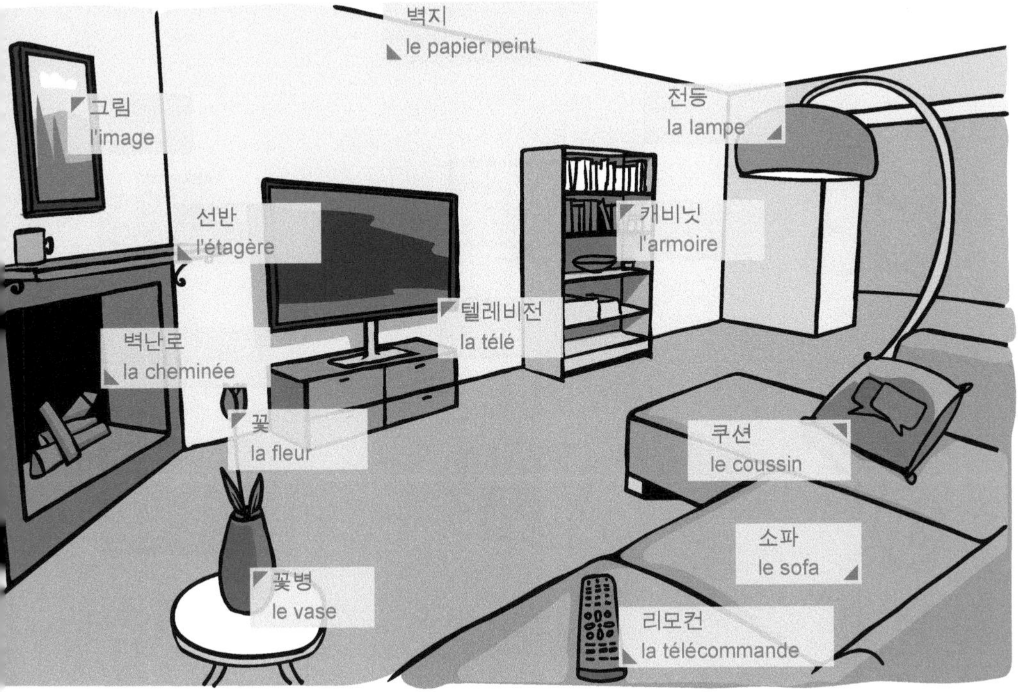

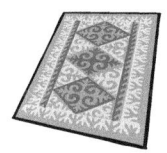

카페트

le tapis

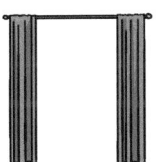

커튼

le rideau

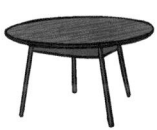

탁자

la table

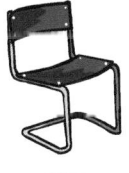

의자

la chaise

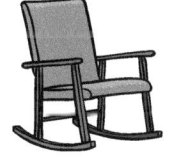

흔들의자

la chaise à bascule

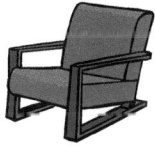

안락의자

le fauteuil

책
le livre

담요
la couverture

장식
la décoration

뗄감나무
le bois de chauffage

영화
le film

하이파이 기기
la chaîne hi-fi

열쇠
la clé

신문
le journal

회화
la peinture

포스터
le poster

라디오
la radio

노트
le bloc-notes

진공청소기
l'aspirateur

선인장
le cactus

초
la bougie

부엌
la cuisine

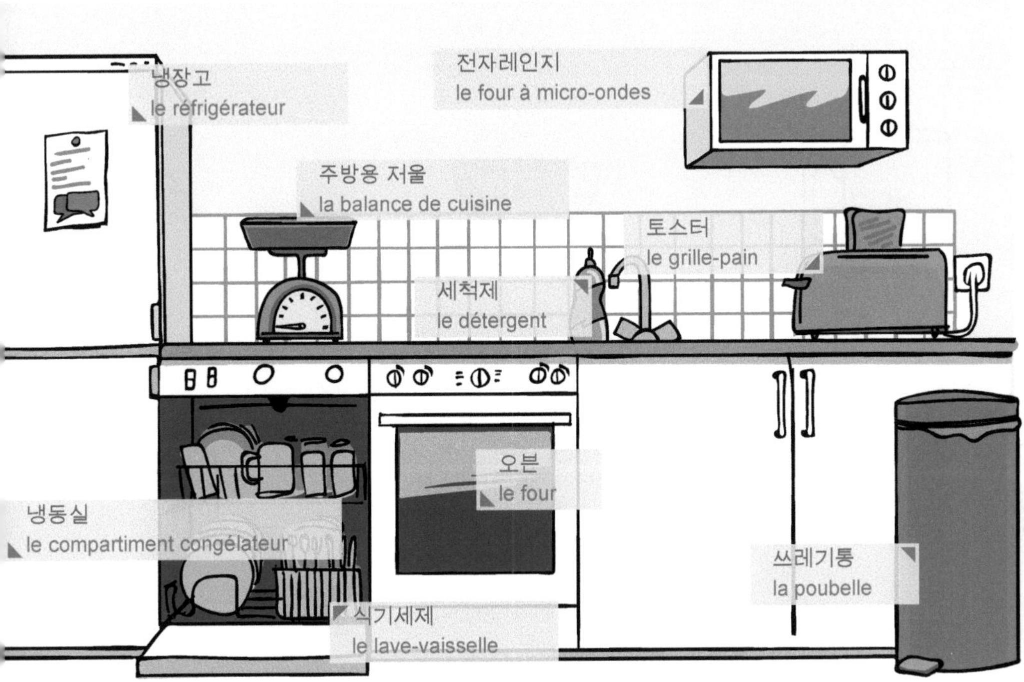

냉장고
le réfrigérateur
전자레인지
le four à micro-ondes
주방용 저울
la balance de cuisine
토스터
le grille-pain
세척제
le détergent
오븐
le four
냉동실
le compartiment congélateur
쓰레기통
la poubelle
식기세제
le lave-vaisselle

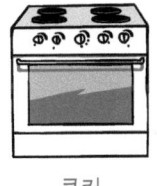

쿠커

le four

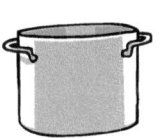

냄비

la casserole

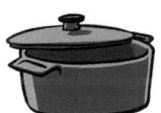

주철 냄비

la marmite

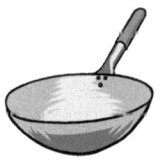

웍 / 카다이 냄비

le wok / kadai

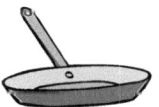

프라이팬

la poêle

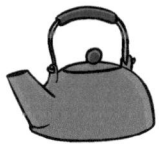

주전자

la bouilloire electrique

찜기

le cuiseur vapeur

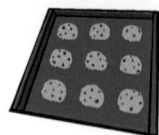

오븐 구이용 쟁반

la plaque de cuisson

그릇

la vaisselle

머그

le gobelet

양푼이

la coupe

젓가락

les baguettes

국자

la louche

주걱

la spatule

거품기

le fouet

여과기

la passoire

체

le tamis

강판

la râpe

절구

le mortier

바베큐

le barbecue

화덕

la cheminée

도마

la planche à découper

밀방망이

le rouleau à pâtisserie

코르크 병따개

le tire-bouchon

캔

la boîte

캔 따개

l'ouvre-boîte

냄비 받침

les maniques

개수대

le lavabo

솔

la brosse

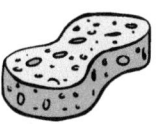

수세미

l'éponge

블렌더

le mixeur

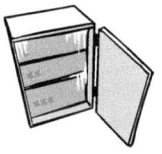

냉동고

le congélateur

젖병

le biberon

수도꼭지

le robinet

부엌 - la cuisine

욕실

la salle de bain

히터
le chauffage
수건
la serviette
샤워
la douche
샤워 커튼
le rideau de douche
거품 비누
le bain moussant
욕조
la baignoire
유리잔
le verre
세탁기
la machine à laver
수도꼭지
le robinet
타일
le carrelage
변기
le pot
개수대
le lavabo

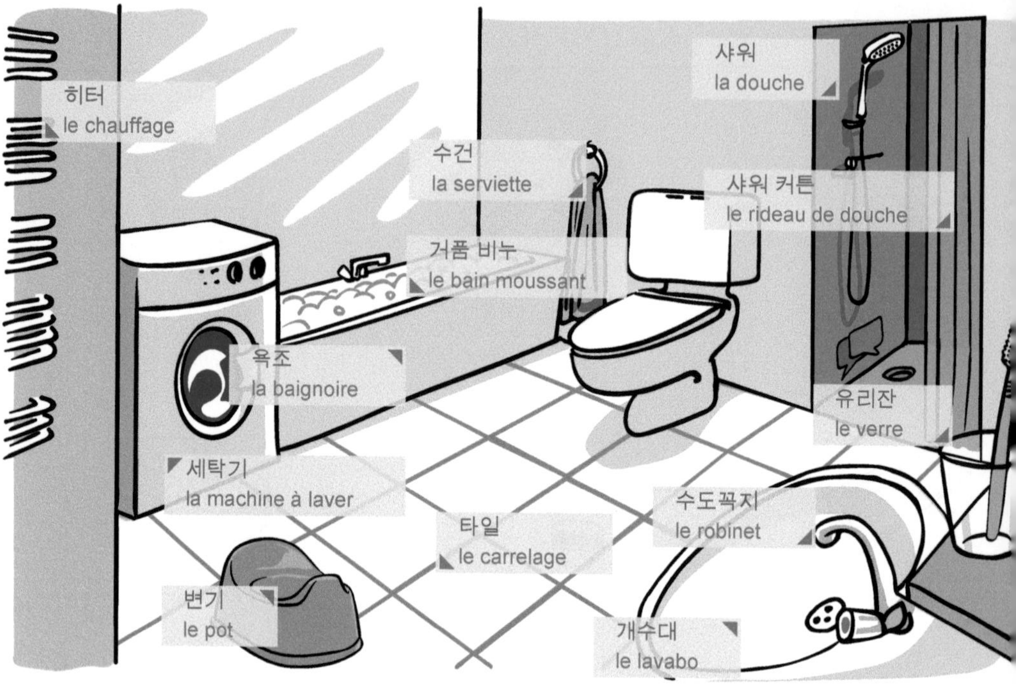

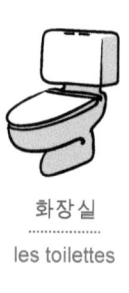

화장실

les toilettes

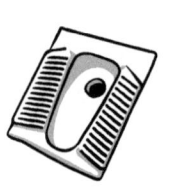

재래식 화장실

la toilette à la turque

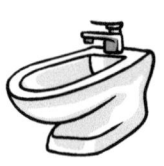

비데

le bidet

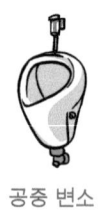

공중 변소

l'urinoir

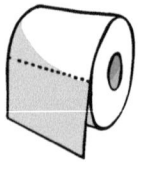

화장지

le papier toilette

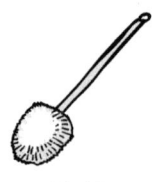

변기솔

la brosse à toilette

치솔
la brosse à dents

치약
le dentifrice

치실
le fil dentaire

씻다
laver

샤워기
la douche manuelle

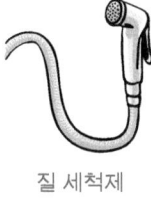

질 세척제
la douche intime

대야
la vasque

등밀이솔
la brosse dorsale

비누
le savon

샤워 젤
le gel douche

샴푸
le shampooing

물걸레
le gant de toilette

배수관
l'écoulement

크림
la crème

체취 제거제
le déodorant

거울

le miroir

휴대용 거울

le miroir cosmétique

면도기

le rasoir

면도 거품

la mousse à raser

에프터쉐이브

l'après-rasage

빗

la peigne

솔

la brosse

헤어드라이기

le sèche-cheveux

헤어스프레이

la laque pour cheveux

메이크업

le fond de teint

립스틱

le rouge à lèvres

손톱깎이

le vernis à ongles

면 솜

l'ouate

손톱

le coupe-ongles

향수

le parfum

욕실 - la salle de bain

세면도구 주머니
la trousse de toilette

스툴
le tabouret

저울
le pèse-personne

목욕 가운
le peignoir

고무 장갑
les gants de nettoyage

탐폰
le tampon

생리대
les serviettes hygiéniques

화학 화장실
la toilette chimique

아이들 방
la chambre d'enfant

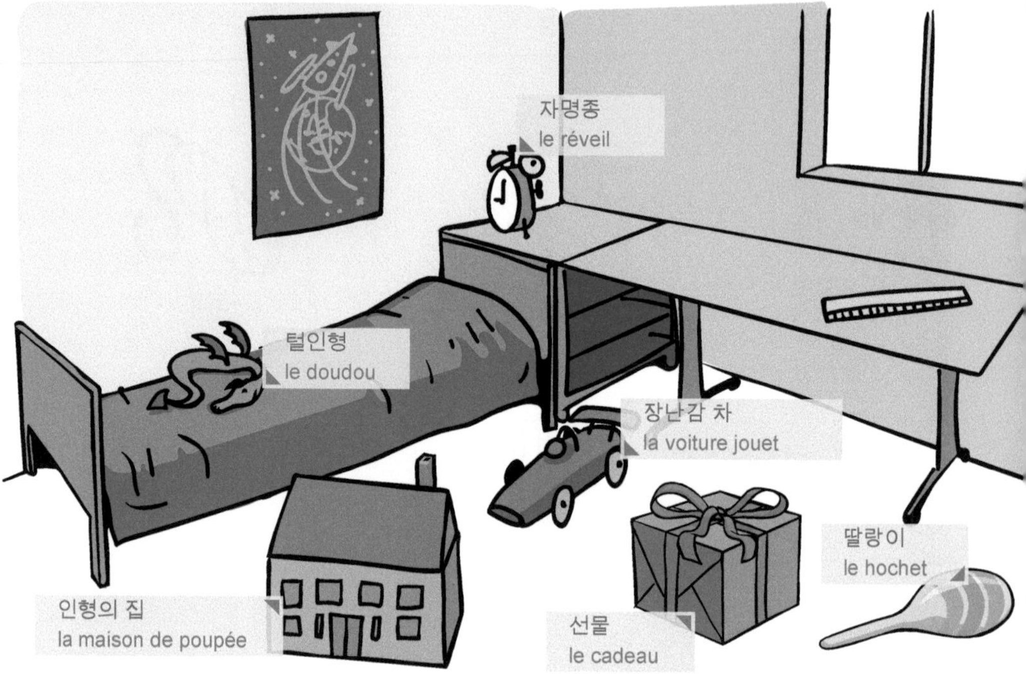

자명종
le réveil

털인형
le doudou

장난감 차
la voiture jouet

딸랑이
le hochet

인형의 집
la maison de poupée

선물
le cadeau

풍선
le ballon

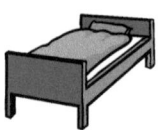

침대
le lit

유모차
la poussette

카드 게임
le jeu de cartes

퍼즐
le puzzle

만화
la bande dessinée

레고

les pièces lego

장난감 블럭

les blocs de construction

액션 캐릭터

la figurine

베이비 그로

la grenouillère

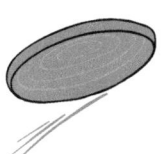

프리스비

le frisbee

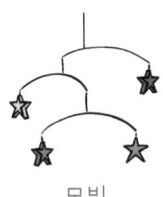

모빌

le mobile

보드 게임

le jeu de société

주사위

le dé

기차 모형 세트

le train miniature

노리개 젖꼭지

la sucette

파티

la fête

그림책

le livre d'images

공

la balle

인형

la poupée

놀다

jouer

모래상자

le bac à sable

그네

la balançoire

장난감

les jouets

비디오 게임 콘솔

la console de jeu

세바퀴자전거

le tricycle

곰인형

l'ours en peluche

옷장

l'armoire

의복

les vêtements

양말

les chaussettes

스타킹

les bas

스타킹

le collant

스카프
l'écharpe

우산
le parapluie

티셔츠
le t-shirt

허리띠
la ceinture

부츠
les bottes

슬리퍼
les pantoufles

운동화
les baskets

샌들
les sandales

신발
les chaussures

고무 장화
les bottes de caoutchouc

팬티
les sous-vêtements

브래지어
le soutien-gorge

러닝 셔츠
le maillot de corps

의복 - les vêtements

45

바디

le body

바지

le pantalon

청바지

le jean

치마

la jupe

블라우스

le chemisier

셔츠

la chemise

풀오버

le pull

후드티

le sweat à capuche

블레이저

la veste

자켓

la veste

외투

le manteau

비옷

l'imperméable

의상

le costume

원피스

la robe

웨딩 드레스

la robe de mariée

양복

le costume

나이트가운

la chemise de nuit

잠옷

le pyjama

사리

le sari

두건

le foulard

터번

le turban

부르카

la burqa

카프탄

le caftan

아바야

l'abaya

수영복

le maillot de bain

수영바지

le maillot de bain

반바지

le short

트레이닝복

la tenue d'entraînement

앞치마

le tablier

상갑

les gants

단추

le bouton

안경

les lunettes

팔찌

le bracelet

목걸이

le collier

반지

la bague

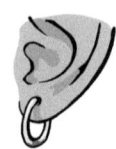

귀걸이

la boucle d'oreille

캡 모자

le bonnet

옷걸이

le cintre

모자

le chapeau

넥타이

la cravate

지퍼

la fermeture éclair

헬멧

le casque

멜빵

les bretelles

교복

l'uniforme scolaire

유니폼

l'uniforme

턱받이

le bavoir

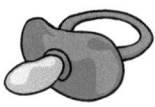

노리개 젖꼭지

la sucette

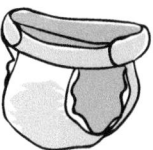

기저귀

la lange

사무실

le bureau

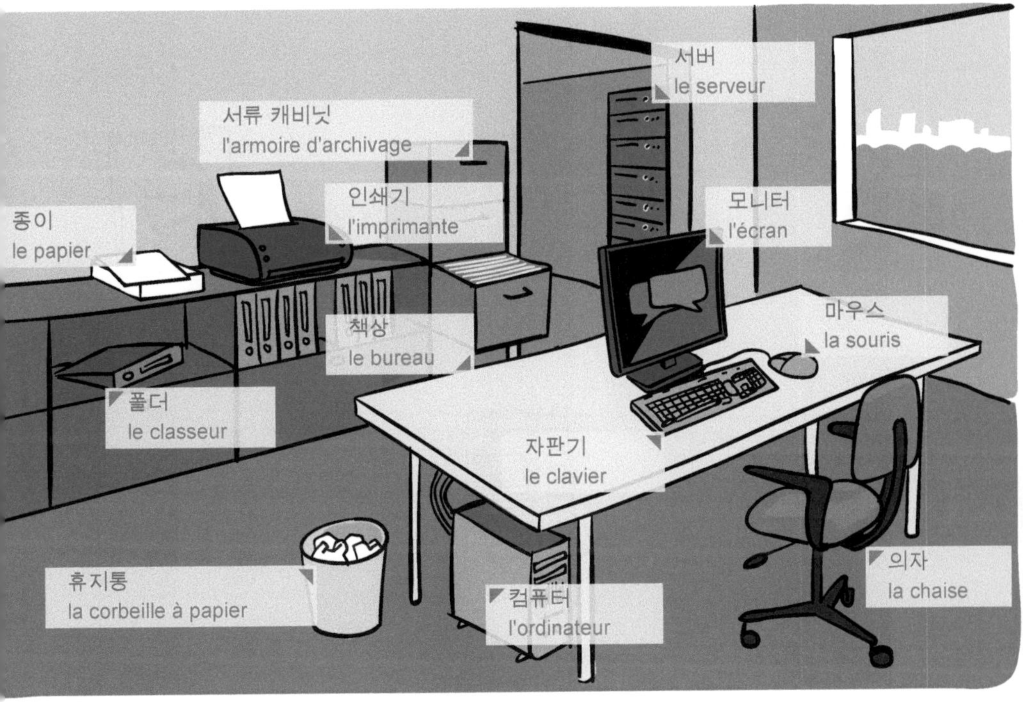

서버
le serveur

서류 캐비닛
l'armoire d'archivage

인쇄기
l'imprimante

모니터
l'écran

종이
le papier

마우스
la souris

책상
le bureau

폴더
le classeur

자판기
le clavier

휴지통
la corbeille à papier

컴퓨터
l'ordinateur

의자
la chaise

커피잔

la tasse de café

계산기

la calculatrice

인터넷

l'internet

사무실 - le bureau

49

노트북

l'ordinateur portable

편지

la lettre

메시지

le message

휴대전화

le portable

네트워크

le réseau

복사기

la photocopieuse

소프트웨어

le logiciel

전화

le téléphone

플러그 소켓

la prise

팩시밀리

le fax

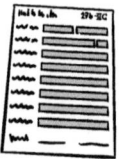

서식

le formulaire

서류

le document

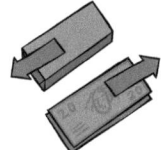

사다

acheter

지불하다

payer

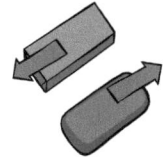

거래하다

faire du commerce

돈

la monnaie

달러

le dollar

유로

l'euro

엔

le yen

루벨

le rouble

스위스 프랑

le franc suisse

위안

le renminbi yuan

루피

la roupie

현금인출기

le distributeur automatique

환전소

le bureau de change

금

l'or

은

l'argent

석유

le pétrole

에너지

l'énergie

가격

le prix

계약

le contrat

세금

la taxe

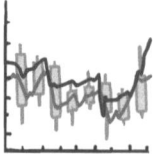

주식

l'action

일하다

travailler

근로자

l'employé

고용주

l'employeur

공장

l'usine

상점

le magasin

직업

les professions

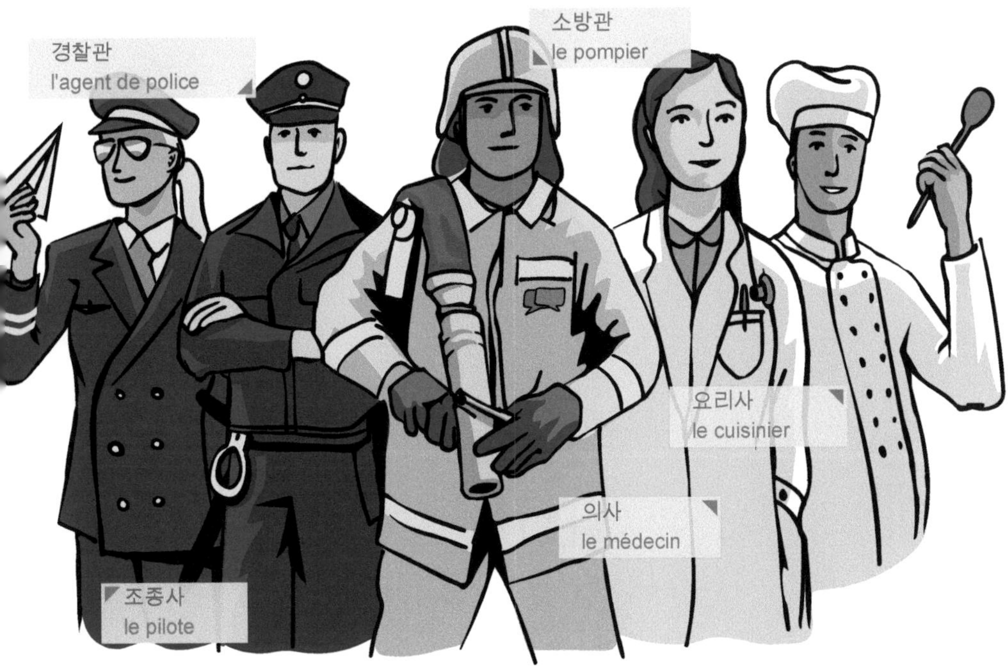
경찰관
l'agent de police
소방관
le pompier
요리사
le cuisinier
의사
le médecin
조종사
le pilote

정원사

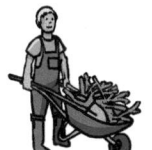

le jardinier

목수

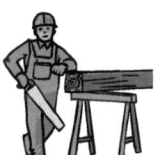

le menuisier

수선공

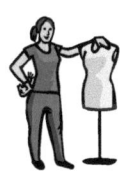

la couturière

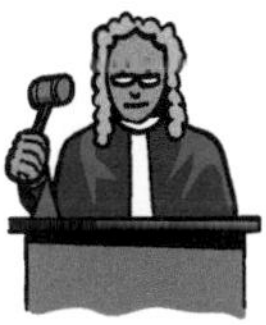

판사

le juge

화학자

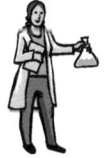

le chimiste

배우

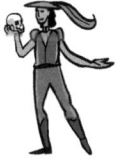

l'acteur

버스운전사

le conducteur de bus

택시 운전사

le chauffeur de taxi

어부

le pêcheur

청소부

la femme de ménage

지붕 수리자

le couvreur

웨이터

le serveur

사냥꾼

le chasseur

화가

le peintre

제빵사

le boulanger

전기업자

l'électricien

건축업자

l'ouvrier

엔지니어

l'ingénieur

정육점업자

le boucher

배관업자

le plombier

우편물 배달부

le facteur

군인
le soldat

건축가
l'architecte

계산원
le caissier

플로리스트
le fleuriste

미용사
le coiffeur

검표원
le contrôleur

정비사
le mécanicien

선장
le capitaine

치과의사
le dentiste

학자
le scientifique

유대교 라비
le rabbin

이맘
l'imam

수도승
le moine

사제
le prêtre

연장

les outils

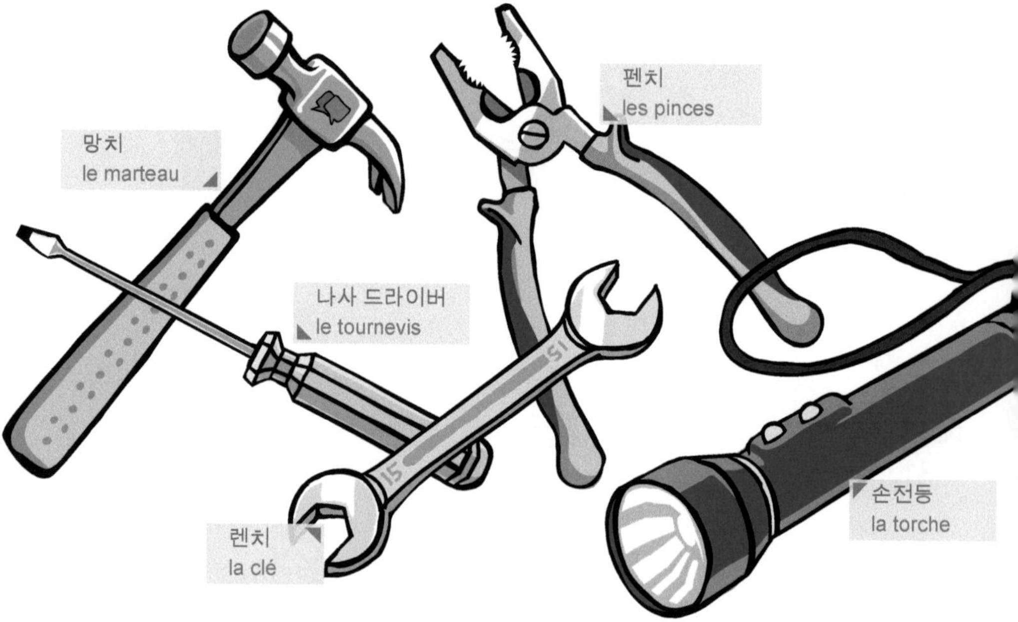

펜치
les pinces
망치
le marteau
나사 드라이버
le tournevis
렌치
la clé
손전등
la torche

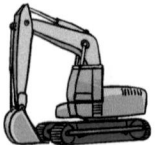

굴삭기

la pelleteuse

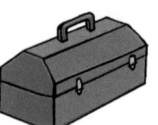

연장통

la boîte à outils

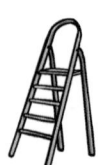

사다리

l'échelle

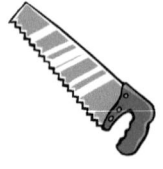

톱

la scie

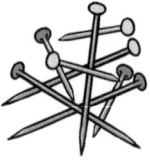

못

les clous

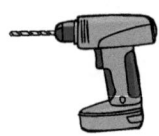

드릴

la perceuse

수리하다

réparer

삽

la pelle

젠장!

Mince !

쓰레받기

la pelle

페인트통

le pot de peinture

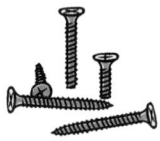

나사

les vis

악기

les instruments de musique

스피커
le haut-parleurs

드럼
la batterie

기타
la guitare

콘트라베이스
la contrebasse

트럼펫
la trompette

피아노

le piano

바이올린

le violon

베이스

la basse

팀파니

les timbales

북

le tambour

키보드

le piano électrique

색소폰

le saxophone

플루트

la flûte

마이크

le microphone

동물원
le zoo

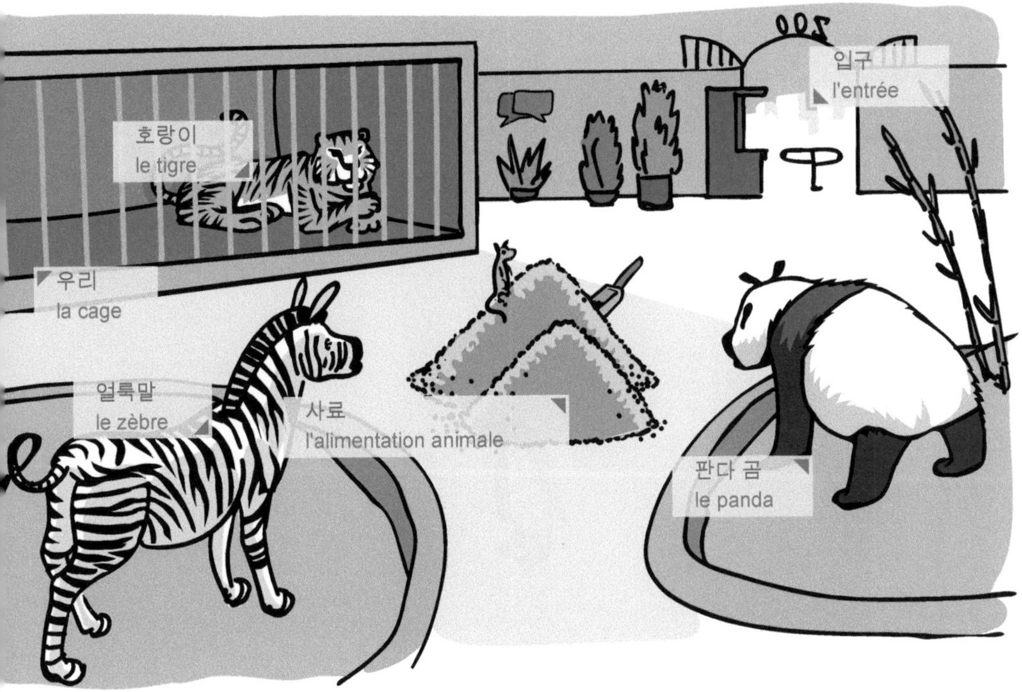

호랑이
le tigre
우리
la cage
입구
l'entrée
얼룩말
le zèbre
사료
l'alimentation animale
판다 곰
le panda

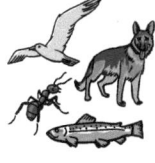

동물

les animaux

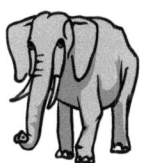

코끼리

l'éléphant

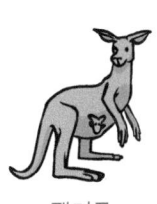

캥거루

le kangourou

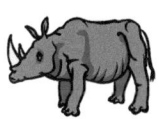

코뿔소

le rhinocéros

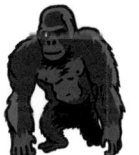

고릴라

le gorille

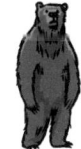

곰

l'ours

낙타

le chameau

타조

l'autruche

사자

le lion

원숭이

le singe

홍학

le flamand rose

앵무새

le perroquet

북극곰

l'ours polaire

펭귄

le pingouin

상어

le requin

공작

le paon

뱀

le serpent

악어

le crocodile

동물원 사육사

le gardien de zoo

물개

le phoque

재규어

le jaguar

조랑말
le poney

표범
le léopard

하마
l'hippopotame

기린
la girafe

독수리
l'aigle

맷돼지
le sanglier

생선
le poisson

거북이
la tortue

바다코끼리
le morse

여우
le renard

영양
la gazelle

미식축구
l'american Football

자전거 경기
le cyclisme

테니스
le tennis

농구
le basket-ball

수영
la natation

권투
la boxe

아이스하키
le hockey sur glace

축구
le football

배드민턴
le badminton

육상 경기
l'athlétisme

핸드볼
le handball

스키
le ski

폴로
le polo

활동

les activités

웃다
rire
뛰어오르다
sauter
포옹하다
embrasser
걷다
marcher
노래하다
chanter
꿈꾸다
rêver
기도하다
prier
입맞추다
faire la bise

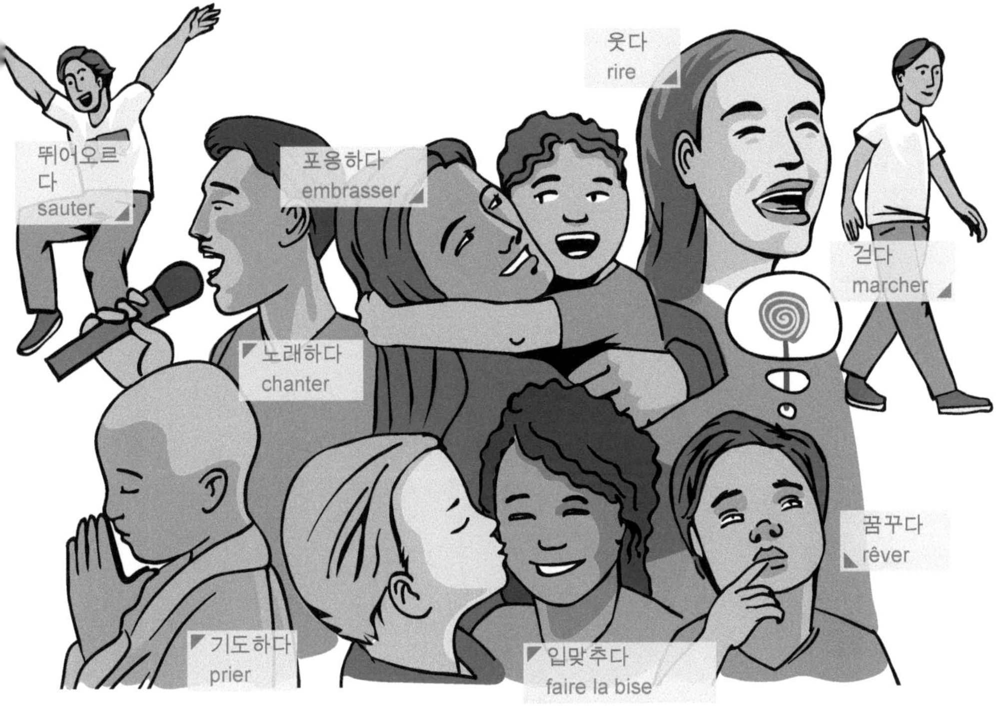

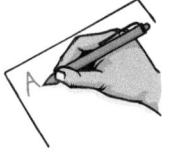

쓰다

écrire

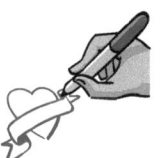

그리다

dessiner

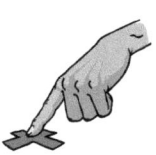

보여주다

montrer

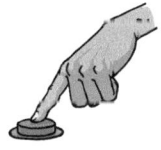

밀다

pousser

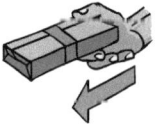

주다

donner

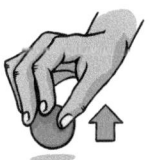

받다

prendre

가지다
avoir

행하다
faire

...이다
être

서있다
être debout

뛰다
courir

당기다
trier

던지다
jeter

떨어지다
tomber

누워있다
être couché

기다리다
attendre

운반하다
porter

앉다
être assis

옷을 입다
s'habiller

자다
dormir

깨다
se réveiller

보다

regarder

울다

pleurer

쓰다듬다

caresser

빗다

peigner

말하다

parler

이해하다

comprendre

묻다

demander

듣다

écouter

마시다

boire

먹다

manger

정리하다

ranger

사랑하다

aimer

요리하다

cuire

주행하다

conduire

날다

voler

활동 - les activités

해항하다

faire de la voile

계산하다

calculer

읽다

lire

배우다

apprendre

일하다

travailler

결혼하다

se marier

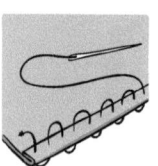

바느질하다

coudre

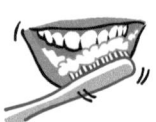

이를 닦다

brosser les dents

죽이다

tuer

담배 피우다

fumer

보내다

envoyer

가족
la famille

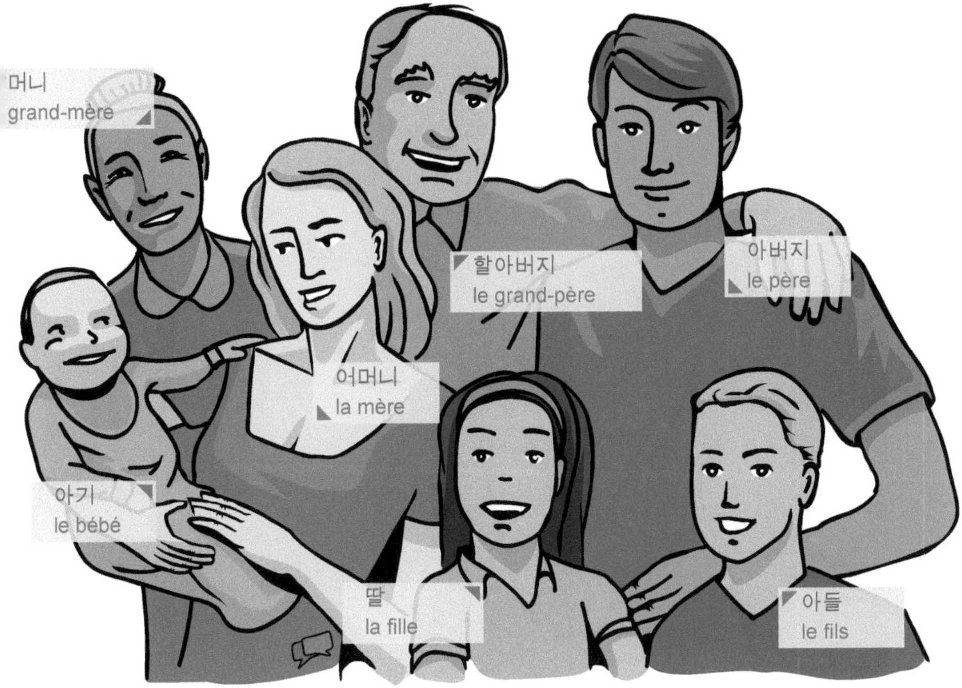

머니
grand-mère
할아버지
le grand-père
아버지
le père
어머니
la mère
아기
le bébé
딸
la fille
아들
le fils

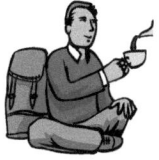

손님

l'hôte

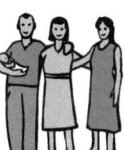

이모 / 고모

la tante

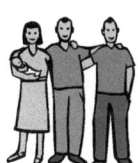

삼촌

l'oncle

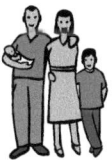

형제

le frère

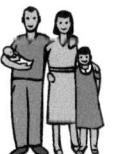

자매

la sœur

몸통
le corps

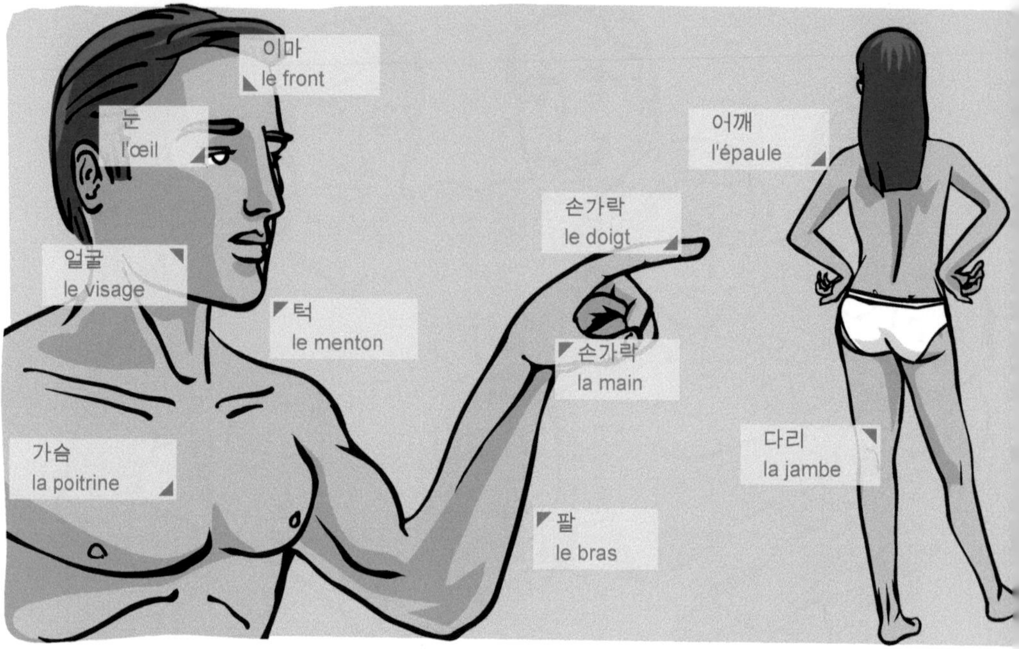

이마
le front

눈
l'œil

어깨
l'épaule

손가락
le doigt

얼굴
le visage

턱
le menton

손가락
la main

가슴
la poitrine

다리
la jambe

팔
le bras

아기

le bébé

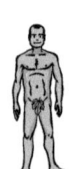

남자

l'homme

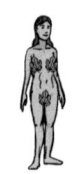

여자

la femme

소녀

la fille

소년

le garçon

머리카락

la tête

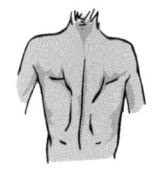

등

le dos

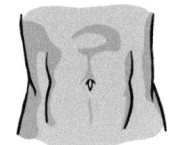

배

le ventre

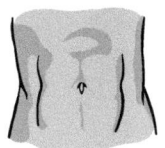

배꼽

le nombril

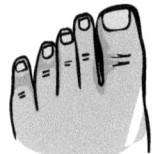

발가락

l'orteil

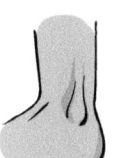

발꿈치

le talon

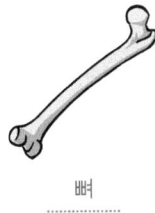

뼈

l'os

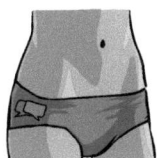

엉덩이

la hanche

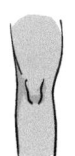

무릎

le genou

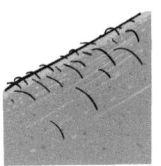

팔꿈치

le coude

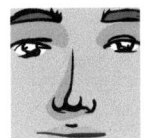

코

le nez

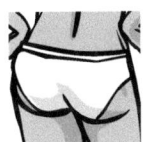

둔부

les fesses

피부

la peau

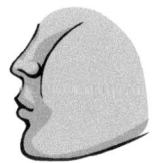

뺨

la joue

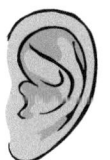

귀

l'oreille

입술

la lèvre

입
la bouche

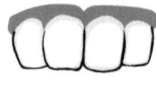

치아
la dent

혀
la langue

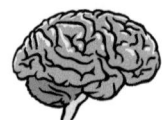

뇌
le cerveau

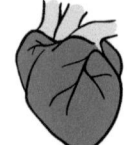

심장
le cœur

근육
le muscle

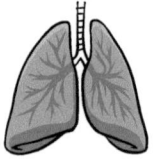

허파
les poumons

간
le foie

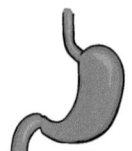

위
l'estomac

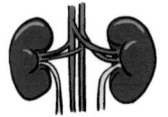

신장
les reins

성교
le rapport sexuel

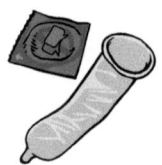

콘돔
le préservatif

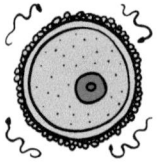

난자
l'ovule

정자
le sperme

임신
la grossesse

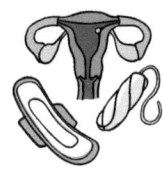
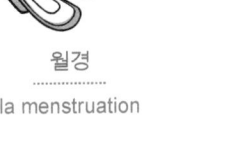

월경

la menstruation

질

le vagin

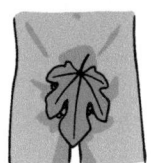

음경

le pénis

눈썹

le sourcil

머리카락

les cheveux

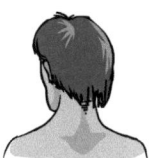

목

le cou

병원
l'hôpital

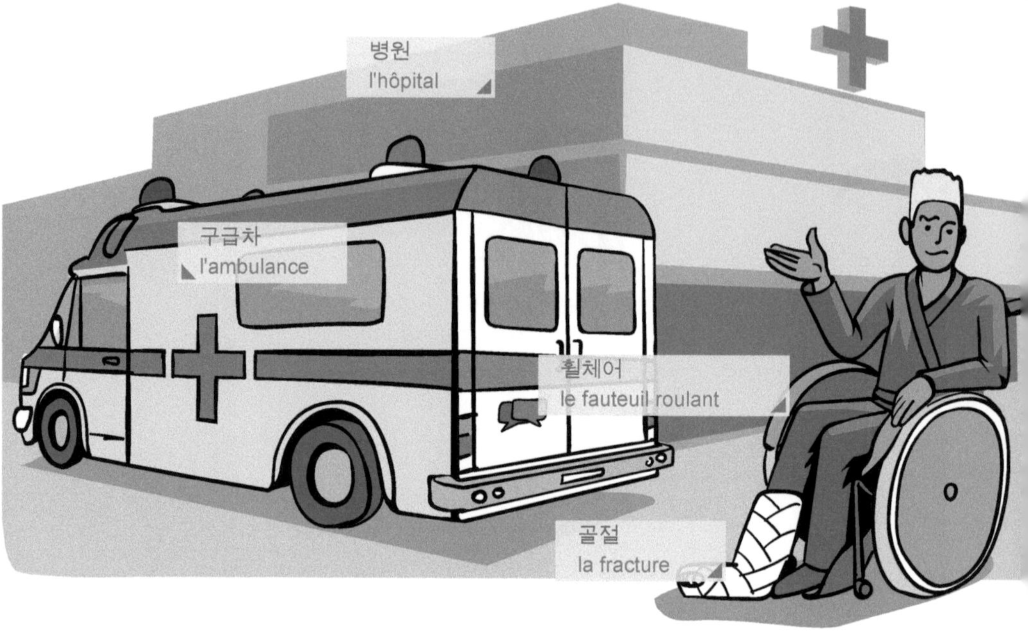

병원
l'hôpital
구급차
l'ambulance
휠체어
le fauteuil roulant
골절
la fracture

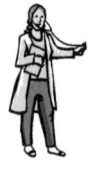

의사

le médecin

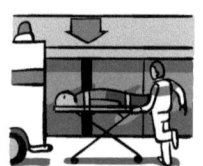

응급실

le service des urgences

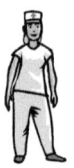

간호사

l'infirmière

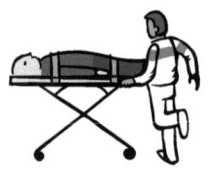

응급상황

l'urgence

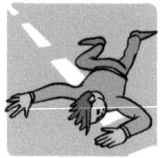

혼수상태

inconscient

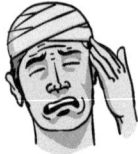

통증

la douleur

부상

la blessure

출혈

l'hémorragie

심장마비

la crise cardiaque

뇌졸중

l'attaque cérébrale

알러지

l'allergie

기침

la toux

열

la fièvre

독감

la grippe

설사

la diarrhée

두통

le mal de tête

암

le cancer

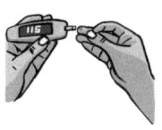

당뇨병

le diabète

외과의

le chirurgien

수술용 메스

le scalpel

수술

l'opération

CT

le CT

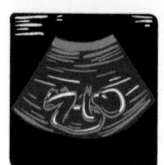

엑스레이

la radiographie

초음파

l'échographie

마스크

le masque

질병

la maladie

대기실

la salle d'attente

목발

la béquille

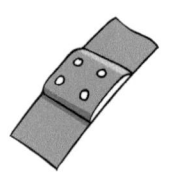

반창고

le pansement

붕대

le pansement

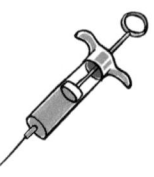

주사

l'injection

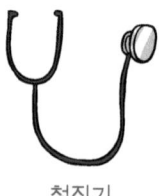

청진기

le stéthoscope

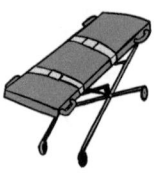

들것

le brancard

체온계

le thermomètre

출생

l'accouchement

과체중

la surcharge pondérale

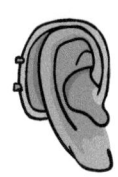

보청기

l'appareil auditif

소독약

le désinfectant

감염

l'infection

바이러스

le virus

HIV / AIDS

le VIH / le sida

의학

le médicament

예방접종

la vaccination

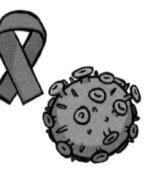

알약

les comprimés

알약

la pilule

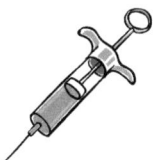

구급 전화

l'appel d'urgence

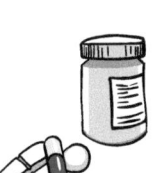

혈압측정기

le tensiomètre

병든 / 건강한

malade / sain

도와주세요!

Au secours !

경보음

l'alarme

폭행

l'assaut

공격

l'attaque

위험

le danger

비상구

la sortie de secours

불이야!

Au feu!

소화기

l'extincteur

사고

l'accident

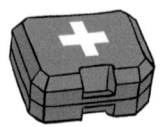

구급 상자

la trousse de premier
secours

SOS

SOS

경찰

la police

유럽

l'Europe

북미

l'Amérique du Nord

남미

l'Amérique du Sud

아프리카

l'Afrique

아시아

l'Asie

호주

l'Australie

북극

l'Océan atlantique

태평양

l'Océan pacifique

인도양

l'Océan indien

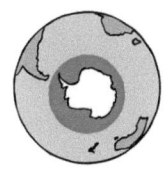

남극해

l'Océan antarctique

북극해

l'Océan arctique

북극해

le Pôle nord

남극해
le Pôle sud

남극
l'Antarctique

지구
la terre

육지
le pays

바다
la mer

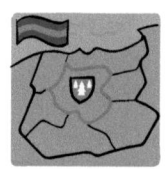

섬
l'île

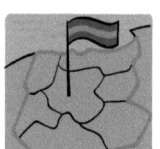

국가
la nation

주
l'état

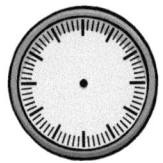

시계 문자판

le cadran

시침

l'aiguille des heures

분침

l'aiguille des minutes

초침

l'aiguille des secondes

몇 시입니까?

Quelle heure est-il ?

일

le jour

시간

le temps

지금

maintenant

디지털 시계

la montre digitale

분

la minute

시간

l'heure

월요일
lundi

수요일
mercredi

금요일
vendredi

화요일
mardi

목요일
jeudi

토요일
samedi

일요일
dimanche

어제
hier

오늘
aujourd'hui

내일
demain

아침
le matin

정오
le midi

저녁
le soir

근로일
les jours ouvrables

주말
le week-end

년도

l'année

비
la pluie
무지개
l'arc-en-ciel
눈
la neige
바람
le vent
봄
le printemps
가을
l'automne
여름
l'été
겨울
l'hiver

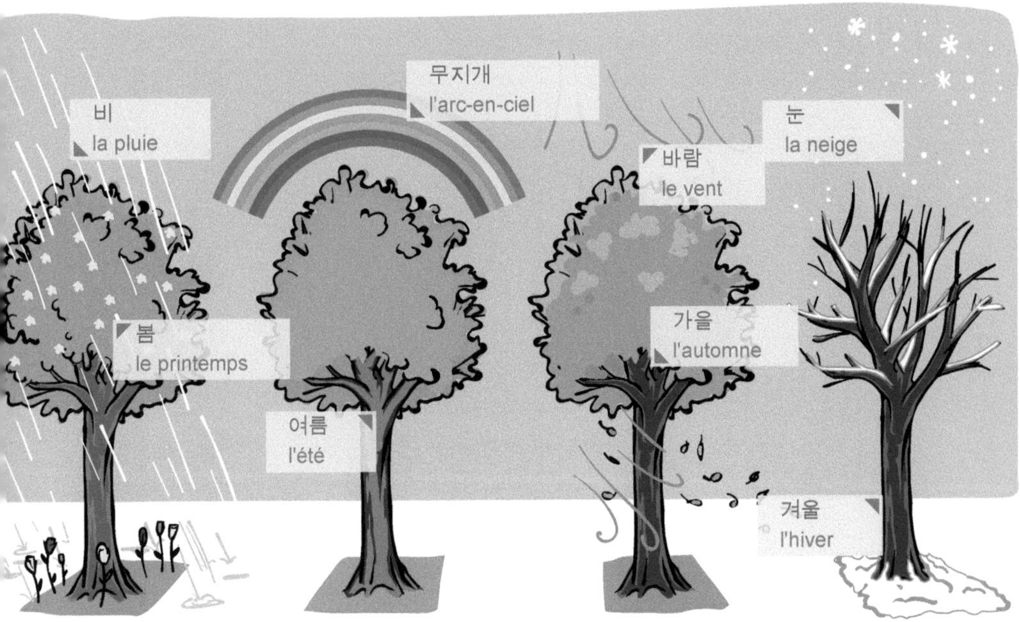

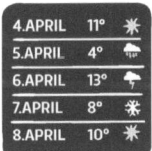

4.APRIL 11°
5.APRIL 4°
6.APRIL 13°
7.APRIL 8°
8.APRIL 10°

날씨 예보

la météo

F C
120 40
90 30
60 20
30 10
0 0
-30 -10
-20

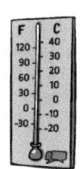

온도계

le thermomètre

햇빛

la lumière du soleil

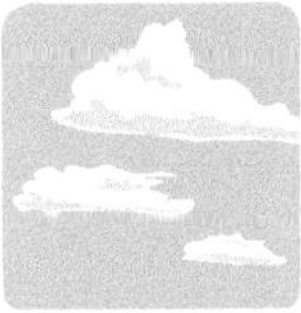

구름

le nuage

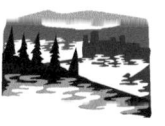

안개

le brouillard

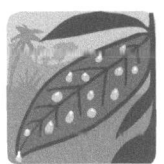

습도

l'humidité

번개

la foudre

천둥

la tonnerre

폭풍

la tempête

우박

la grêle

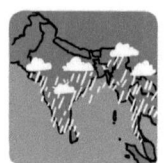

장마

la mousson

홍수

l'inondation

얼음

la glace

1월

janvier

2월

février

3월

mars

4월

avril

5월

mai

6월

juin

7월

juillet

8월

août

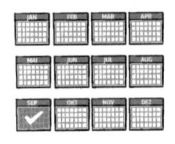

9월
....
septembre

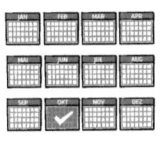

10월
....
octobre

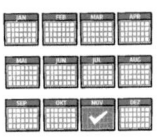

11월
....
novembre

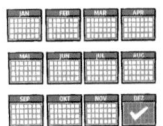

12월
....
décembre

형태
les formes

원
....
le cercle

정사각형
....
le carré

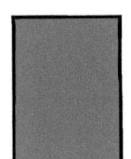

직사각형
....
le rectangle

삼각형
....
le triangle

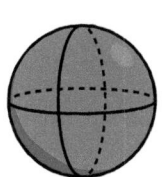

구
....
la sphère

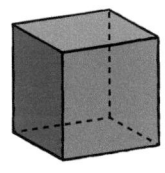

정사면체
....
le cube

les couleurs

하양

blanc

노랑

jaune

주황

orange

분홍

rose

빨강

rouge

보라

violet

파랑

bleu

초록

vert

갈색

marron

회색

gris

검정

noir

많은 / 적은

beaucoup / peu

화난 / 차분한

fâché / calme

아름다운 / 추한

joli / laid

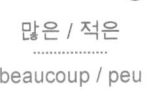

시작 / 끝

le début / la fin

큰 / 작은

grand / petit

밝은 / 어두운

clair / obscure

형제 / 자매

frère / soeur

깨끗한 / 더러운

propre / sale

완전한 / 불완전한

complet / incomplet

낮 / 밤

le jour / la nuit

죽은 / 산

mort / vivant

넓은 / 좁은

large / étroit

삭용의 / 비식용의

comestible / incomestible

불친절한 / 친절한

méchant / gentil

흥분된 / 지루한

excité / ennuyé

뚱뚱한 / 마른

gros / mince

처음으로 / 마지막으로

le premier / le dernier

친구 / 적

l'ami / l'ennemi

꽉 찬 / 텅 빈

plein / vide

딱딱한 / 부드러운

dur / souple

무거운 / 가벼운

lourd / léger

배고픔 / 목마름

faim / soif

병든 / 건강한

malade / sain

불법 / 합법

illégal / légal

영리한 / 어리석은

intelligent / stupide

왼 / 오른

gauche / droite

가까운 / 먼

proche / loin

새 / 헌
nouveau / usé

무 / 유
rien / quelque chose

늙은 / 젊은
vieux / jeune

온 / 오프
marche / arrêt

열린 / 닫힌
ouvert / fermé

조용한 / 시끄러운
faible / fort

부유한 / 가난한
riche / pauvre

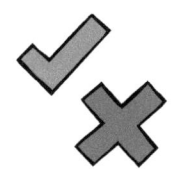

옳은 / 틀린
correct / incorrect

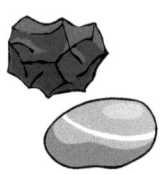

거친 / 매끄러운
rugueux / lisse

슬픈 / 기쁜
triste / heureux

짧은 / 긴
court / long

느린 / 빠른
lent / rapide

젖은 / 마른
mouillé / sec

따뜻한 / 시원한
chaud / froid

선쟁 / 평화
la guerre / la paix

0

영

zéro

1

하나

un / une

2

둘

deux

3

셋

trois

4

넷

quatre

5

다섯

cinq

6

여섯

six

7

일곱

sept

8

여덟

huit

9

아홉

neuf

10

열

dix

11

열하나

onze

12

열둘
douze

13

열셋
treize

14

열넷
quatorze

15

열다섯
quinze

16

열여섯
seize

17

열일곱
dix-sept

18

열여덟
dix-huit

19

열아홉
dix-neuf

20

스물
vingt

100

백
cent

1.000

천
mille

1.000.000

백만
le million

영어

l'anglais

미국식 영어

l'anglais américain

중국어 만다린

le chinois mandarin

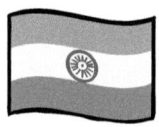

힌두어

le hindi

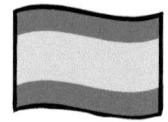

스페인어

l'espagnol

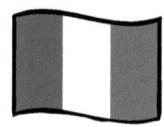

프랑스어

le français

아랍어

l'arabe

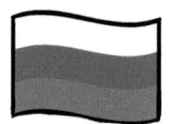

러시아어

le russe

포르투갈어

le portugais

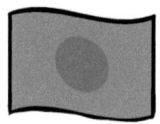

불가리아어

le bengali

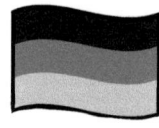

독일어

l'allemand

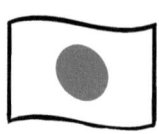

일본어

le japonais

나

je

너

tu

그 / 그녀/ 그것

il / elle / ce, c', cela

우리

nous

너희들

vous

그들

ils / elles

누가?

Qui ?

무엇이?

Quoi ?

어떻게?

Comment ?

어디서?

Où ?

언제?

Quand ?

이름

lo nom

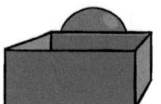

뒤에
derrière

안에
dans

앞에
devant

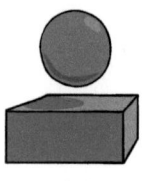

위에
au-dessus

위에
sur

아래에
en-dessous

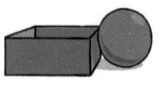

옆에
à côté de

사이에
entre

장소
le lieu